CUANDO LOS GRANDES ERAN PEQUEÑOS

JULIA

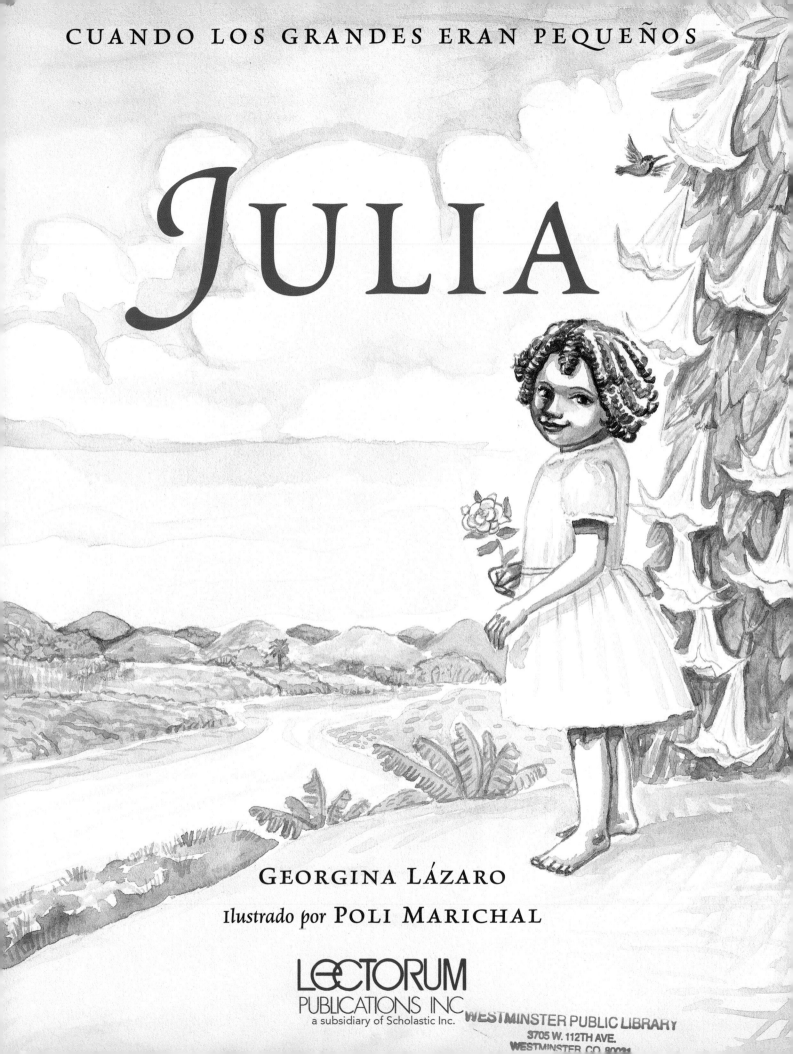

GEORGINA LÁZARO

ilustrado por POLI MARICHAL

LECTORUM
PUBLICATIONS INC.
a subsidiary of Scholastic Inc.

A MARIELA, NATALIA,
CARLA Y CLAUDIA.
—G. L. L.

A FLAVIA, MI MADRE.
— P. M.

Library of Congress Cataloging-in-Publication Data
Lázaro León, Georgina.
Julia / Georgina Lázaro ; ilustrado por Poli Marichal.
p. cm. – (Cuando los grandes eran pequeños)
 1. Burgos, Julia de, 1914- 2. Authors, Puerto Rican—20th century–
Biography–Juvenile literature. 3. Burgos, Julia de, 1914—Childhood and
youth–Juvenile literature. I. Marichal, Poli. II. Title. III. Series: Lázaro
León Georgina. Cuando los grandes eran pequeños.
PQ7439.B9Z75 2006
861'.64–dc22
2005033722

ISBN 1-930332-58-0
10 9 8 7 6 5 4 3 2 1
Printed in Singapore

esde la rama más alta
de un algarrobo frondoso
con frecuencia contemplaba
el paisaje más hermoso.

En lo alto de la loma
su casita de madera
rodeada de girasoles,
de gardenias y azucenas.

Los árboles de aguacate,
de mangó y de cereza;
los jobillos, los guayabos,
la caña con su promesa.

Hacia abajo, la quebrada
rodeada de margaritas.
Mucho más allá, su río,
el Río Grande de Loíza.

Esa loma fue su cuna
y en las noches fueron nanas
el canturreo del coquí
y el dulce rumor del agua.

Dos chicharras en un dúo
que el bienteveo contestaba,
y el múcaro haciendo coro
para dormir le cantaban.

Allí se crió Julita,
la mayor de trece hermanos.
Libre, feliz, juguetona,
corría por cerros y llanos.

Sus padres eran muy pobres.
Luchaban sin desaliento.
Con fe sembraban la tierra
para obtener su alimento.

Era una vida difícil;
sacrificios y pobreza.
La ternura y la esperanza
eran toda su riqueza.

Don Francisco, su papá,
le enseñaba geografía.
Cambiaba la historia en cuentos,
lo que pensaba en poesía.

Le recitaba *El Quijote*
paseando por las montañas.
Improvisaba canciones,
le narraba mil hazañas.

Cabalgando en sus caballos
hacían viajes fascinantes;
montada ella en Nacional
y su papá en Rocinante.

Doña Paula, su mamá,
trabajaba sin descanso.
Para todos era el pan
y el amor de su regazo.

Cuidaba un lindo jardín
y un huerto siempre fragante;
menta, albahaca, hierbabuena...
de perfumes cautivantes.

Hasta el río se iba a lavar
por sendas de cundiamores.
Detrás de ella iban sus hijas
persiguiendo ruiseñores.

Allí les contaba cuentos
de fantásticas criaturas
que habitaban en el río
viviendo mil aventuras.

De espíritus y de duendes,
de ninfas, genios y hadas,
y de sirenas que cantan
en rosadas madrugadas.

Quitándose los zapatos
caminaban largos trechos
sobre guijarros mojados,
entre guayabos y helechos.

Hasta que, al fin, en el río
se sumergían con cuidado
y retozaban gozosas
entre los juncos y nardos.

Así se convirtió el río
en su lugar especial.
Se enamoró de sus aguas.
En él aprendió a soñar.

Su río de tantos colores;
río azul, rojo, moreno.
Río que despertó su alma
y que acarició su cuerpo.

Era una niña especial.
Le gustaban las palabras
y comenzó a decir versos
sobre lo que la rodeaba.

"Son disparates bonitos",
su hermanita le decía.
Hablaban del monte, el río,
del amor y la alegría.

De cucubanos que son
como estrellas voladoras,
de la flor que perdió el viento,
o del grito de las olas.

Del espejo azul del cielo,
de aquella risa tan blanca,
de los mil pájaros vivos
escondidos en su alma.

Día a día fue creciendo.
Se fue haciendo fuerte y alta;
muy tostada por el sol
su piel de canela clara.

El cabello rizo y suelto
que la brisa despeinaba.
Su mirada limpia y nueva
como luz en la alborada.

A la escuelita del barrio
la llevó su papá un día.
Entonces sus "disparates"
continuamente escribía.

Era muy inteligente
y le gustaba estudiar.
Pronto aprendió lo que allí
le podían enseñar.

Para seguir estudiando
se tuvo que separar
de sus padres, sus hermanos,
de su monte, de su hogar.

Sólo tenía once años,
pero quería saber más.
Por eso lejos del barrio
la tuvieron que enviar.

Vivió con una maestra
llamada doña Rosenda
que poseía una pianola
y una humilde biblioteca.

La música la sedujo.
Los libros la cautivaron;
de ideas y de belleza
su espíritu alimentaron.

Pero se sentía muy triste
alejada de su hogar.
Sus pájaros se pintaron
de un color de soledad.

Quedó su risa prendida
de la rama de un laurel.
Se hicieron largas las horas.
Sólo pensaba en volver.

Al regresar a la loma
volvía a sentirse feliz.
Adquiría bellos matices
lo que en el pueblo era gris.

Volvía a su barrio pequeño,
al abrazo de mamá,
al amor de sus hermanos,
a su campo y a su hogar.

Se encaramaba en su árbol
para contar las estrellas.
Soñadora contemplaba
aquella tierra tan bella.

Volvía a sentirse muy libre
correteando por los campos.
Se deslizaba en tigüeros
desde el monte, sierra abajo.

Así llegaba a su río,
río de cristal y de miel,
para soñar en sus aguas,
para llenarse de él.

El tiempo siguió pasando;
la niña se hizo mujer.
Siempre llevaba con ella
esas ansias de aprender.

Y se convirtió en maestra
para dar lo que tenía.
Continuó amando los libros,
siguió escribiendo poesías.

En lo hondo de sus versos
pudo encontrarse a sí misma
como en el fondo del río
se vio alguna vez de niña.

Su verso la hizo sentirse
como hierba útil y fresca.
En él cantaba a su patria
y buscaba una respuesta.

Su voz se hizo suave y clara
como el agua de su río
que al pasar junto a las piedras
se siente como un suspiro.

Pero otras veces llevaba
de las olas el rugido
que al romper contra las rocas
suenan como un estallido.

Voz suave para cantar
el paisaje de su tierra;
fuerte para defenderla
como en un grito de guerra.

Voz de brisa, voz de hoja,
del caracol el sonido,
sollozo de la montaña,
torrente de río crecido.

Tonada de espuma blanca,
eco, lluvia, canción, trino,
lenguaje de luz de estrellas,
música, susurro, nido.

Y Julita se hizo Julia.
Toda América la aclama.
Nuestra poeta más grande
Julia de Burgos se llama.

¿TE GUSTARÍA SABER MÁS?

Julia de Burgos nació el 17 de febrero de 1914 en el barrio Santa Cruz de Carolina, Puerto Rico. Fue la mayor de los trece hijos de Francisco Burgos Hans y Paula García. De ésos sólo siete sobrevivieron. Sus padres eran muy pobres. Vivían en una humilde casa junto a la cual corría una quebrada afluente del Río Grande de Loíza, al que Julia le dedicó el más famoso de sus poemas.

Su padre era un hombre instruido y amante de la aventura. La llevaba a recorrer la montaña, improvisando canciones, tocando la guitarra, contándole cuentos y narrándole fragmentos de *Don Quijote de la Mancha*. De esta forma despertó en ella el amor por la naturaleza y las palabras. Su madre era una sencilla y trabajadora ama de casa. Cultivaba flores y tenía un huerto de verduras. A menudo hacía un largo viaje al pueblo para vender sus productos.

De niña, Julita correteaba libremente por el campo, se tiraba en tigüero cerro abajo, nadaba en el río y se encaramaba con facilidad en los árboles más altos. Así se convirtió en una jovencita alta, fuerte y atlética.

Fue una niña sensible, amante y protectora de la naturaleza. Desde pequeña le gustaba improvisar versos y luego escribirlos. Fue una estudiante inteligente, responsable y ávida lectora. Terminó antes de tiempo la escuela primaria en el barrio y tuvo que alejarse de su familia para asistir a la escuela del pueblo. Más tarde fue a estudiar a la Universidad de Puerto Rico, donde se graduó de maestra.

En 1938 publicó su primer libro de versos, *Poema en veinte surcos*, y un año más tarde el segundo, *Canción de la verdad sencilla*. Más tarde estudió cursos de Filosofía y Letras en la Universidad de La Habana y en el año 1940 se fue a vivir a Nueva York. Allí murió el 6 de julio de 1953.

Un año después su hermana Consuelo reunió algunos de sus poemas inéditos que publicó en *El mar y tú*.

Su obra nos muestra una imagen de la mujer puertorriqueña e hispanoamericana de nuestro tiempo. Sus poemas denuncian la injusticia y la desigualdad. Son un canto a su patria y al paisaje que tanto amó desde niña.

Julia de Burgos está considerada una de las más grandes poetas de Puerto Rico y de América.